Petits Portraits
de Très Grandes Personnes

Barbara Constantine
Cecyl Gillet

Petits Portraits de Très Grandes Personnes

Bouinotte Éditions
CALMANN LEVY

Première publication par
les Éditions La Bouinotte, 2015.

Couverture
Conception graphique : Sylvie Denis
Illustration : Cecyl Gillet

ISBN : 978-2-7021-6147-0

Préface

Le livre part de plusieurs rencontres.

D'abord celle entre Barbara, auteure, et Cecyl, artiste plasticienne: *« Hey, ce serait chouette de bosser sur un truc ensemble, un jour, hein ? »* Puis celle avec Eugénie (animatrice à la maison de retraite de Mézières-en-Brenne, dans le Berry): *« Et si vous veniez voir mes p'tits vieux et faire quelque chose avec eux ? »* Et bien sûr, les rencontres avec *« les p'tits vieux d'Eugénie »* ! Qui nous ont cueillies (souvent), ébouriffées (beaucoup), retournées comme des crêpes (toujours) !

Au départ, nous devions faire un livre numérique, avec textes, images, sons et vidéos… (un challenge, ça ne se refuse pas !). Mais très vite, nous avons réalisé que… tablettes, ordis, etc., ça ne faisait pas du tout (du moins, pas encore) partie de la vie des pensionnaires de la maison de retraite. Ils avaient besoin de toucher, de sentir, de tourner des pages ! D'où la décision de tirer une vingtaine d'exemplaires du livre, version papier, rien que pour eux ! Mais, dans le calcul, il manquait les familles, ami(e)s, entourage, donc de 20 nous sommes passées à 100. Et plus question de photocopies, bien sûr. Nous avions déjà perdu un *p'tit vieux* en route, d'autres commençaient à montrer de sérieux signes de fatigue, il y avait urgence. Alors nous avons appelé La Bouinotte (éditeurs régionaux) à l'aide. Ils ont aimé l'histoire, accepté le défi et le livre est paru un mois plus tard. À temps pour la fête de l'Ehpad, fin 2015, où nous avons pu remettre à chacun en main propre (moins un, hélas) un exemplaire du livre. De leur livre (en pleurant tous comme des madeleines, évidemment) ! De 100, nous étions arrivés à 500 exemplaires… il y en a qui ont de grandes familles dans le coin ! Et puis… comme il n'y a pas de raison de s'arrêter, et que la famille n'est pas toujours celle que l'on croit ni là où on le pense, les éditions Calmann-Lévy ont proposé de coéditer une nouvelle version, plus grande. Celle-ci ! Et ça nous fait tellement plaisir de savoir que les mots et le regard de ces petites Grandes Personnes vont pouvoir traverser les frontières (de la région Centre), être lus par d'autres lecteurs et vus par d'autres yeux que ceux de leurs proches…

Une deuxième vie, en somme.

Alors… il y a des jeunes et des moins jeunes aussi, certainement, qui vont être étonnés, en lisant ces pages. Surtout quand ils vont apprendre que les vieux ici, et peut-être bien les leurs perso (grands-parents, arrière-grands-parents, arrière-arrière…), ont été jeunes un jour, comme eux ! Il y en a qui vont avoir du mal à le croire.

C'est pourtant vrai. Papi ou Mamie n'ont pas toujours eu des cheveux blancs et des sourcils en broussaille, n'ont pas toujours eu besoin de déambulateurs ou de dentiers. Il fut un temps où ils ont couru, ri, joué, raconté des blagues, fait des galipettes, eu des peines de cœur, des frustrations, des peurs, de l'acné…

À la différence d'avec vous, leur jeunesse n'a pas duré très longtemps. Certains ont commencé à travailler à 11 ans. Ouais, dur… Et puis, leurs jeux n'ont pas été les mêmes que les vôtres. Petits ou même ados, ils n'ont pas reçu de tablettes numériques à Noël ! Les ordinateurs n'avaient pas encore été inventés, les consoles de jeux, non plus. Incroyable ! Il n'y avait pas de télés, pas de téléphones (ni fixe ni portable), pas l'eau courante ni l'électricité partout, les toilettes, c'était dans une cabane au fond du jardin, et pour aller à l'école, ils devaient marcher des kilomètres, qu'il pleuve, qu'il vente ou qu'il neige !

Difficile d'imaginer la vie qu'ils ont menée. En lisant, vous en aurez une petite idée. Les textes sont courts, les photos sont trippantes, qu'est-ce que vous risquez ? D'avoir envie d'aller les voir ? D'aller leur taper la bise ? Ce serait nickel. Ils ont tellement besoin d'amour…

Portraits

Michel b.

« *Ah, vous allez rencontrer Michel B. ? Sacré personnage, vous allez voir.*

(C'est intriguant, ils emploient tous la même expression en parlant de lui… Et tous terminent en hochant la tête, l'air navré : *il faut espérer qu'il soit d'humeur, sinon…* Sous-entendu : préparez-vous, il est capable de vous envoyer promener. Ah, ah, d'autant plus intriguant.)

Donc, nous sommes allées le voir (Cecyl, Eugénie et Barbara) et… tout s'est bien passé ! Certes, Michel n'est pas du genre à se laisser marcher sur les pieds en gardant le sourire, ni à prendre des gants quand il a quelque chose à dire. Mais arriver à 87 ans et ruer encore dans les brancards, c'est plutôt une preuve de bonne santé !
Donc, ça ne nous gêne pas du tout, au contraire. Et franchement, ce qui caractérise le mieux le personnage, ce ne sont pas ses sautes d'humeur, mais son

humour.

Un tantinet acide, un brin décapant. Et ça, c'est très très plaisant. Vraiment.

Il sait raconter, Michel. On sent qu'il prend du plaisir, qu'il jubile intérieurement. Il plante le décor en deux mots, saupoudre quelques détails, a priori anodins, déroule l'histoire à travers de courtes phrases et paf !, surprend avec une chute drôle et décalée. Il a dû travailler la question, peaufiner les détails, gamberger le suspense…
Alors, même s'il a fait des tas de boulots dans sa vie : épicier, boucher, chauffeur de car, arbitre de foot, assureur… au fond, Michel, c'est un

comédien.

L'histoire de son dernier jour d'école ? Étonnant. Et comment il a quitté ses premiers patrons ? Incroyable. Ses parents résistants pendant la guerre, et sa grand-mère qui avait caché des armes pour les maquisards ? Enthousiasmant.

Il a mené l'ensemble tambour battant.
Et à la fin, sur le même ton que tout le reste, il a ajouté : *Heureusement que vous êtes venues, je n'avais vu personne depuis 8 jours, même pas un copain, même pas une copine, même pas… rien.*
Voilà. C'est la vie.
Ça nous a cueillies. On est restées coites.

Ben oui… on a beau espérer, imaginer toutes sortes d'activités, faire comme si, elle revient toujours, la solitude. Impossible de l'oublier. Elle accompagne tout le monde. Ici. Et ailleurs. Plus on vieillit, plus on est seul, c'est mathématique. Conjoints, parents, amis, collègues, voisins… plus on

avance en âge, plus on en perd en chemin, moins il en reste à l'arrivée.
C'est… comme ça.

Les mots de Michel.

(Pour info : l'âge légal de fin de scolarité à l'époque était 14 ans, et le jour sans école était le jeudi.)

Le jour anniversaire de mes 14 ans, c'est tombé un mercredi. Donc, ce mercredi 5 avril, à la sortie de l'école, je dis au

maître : « Monsieur Chauvin, c'est fini, je ne reviendrai plus ! » Le lendemain jeudi, rien de spécial… Arrive le vendredi, je vais à la sortie de l'école. Pour me fiche des autres, tiens ! Le soir, en rentrant à la maison, ma mère me dit : « Michel, lundi, tu commences à travailler. » Ah, tu parles d'une affaire, je n'ai eu que 3 jours pour profiter de mes congés !
Elle m'avait trouvé une place à l'épicerie du Blanc, la plus grosse du département.
Y avait pas de Leclerc à cette époque.
25 kilomètres à vélo.
Je partais le lundi matin à 5 h 30 et je rentrais le samedi soir.
Mais ça me plaisait pas, l'épicerie. Je voulais travailler à la boucherie !

Les derniers jours chez ses-

premiers patrons...

À Saint-Benoît-du-Sault.

Un soir, le patron avait fait venir deux copains pour souper. Moi, je soupais là tous les soirs, alors je me mets à table. La patronne se retourne et me fiche une tarte dans la figure ! J'ai pas compris pourquoi. Mais j'ai posé ma serviette, j'suis monté chercher mes affaires et j'suis parti.

Au Petit-Pressigny.

Un dimanche, il était 2 heures et demie, j'étais en train de gratter mon billot, je venais juste de finir, le patron se ramène de la pêche. « Ah ben dis, mon vieux, regarde donc ce que j'ai attrapé comme poisson ! » Il prend son filet, il verse le poisson sur le billot que je venais de nettoyer. J'vais voir la patronne et j'y dis : « C'est lui qui nettoiera, moi, j'm'en vais. »

J'ai fait quatre patrons et je suis parti sans demander ma paye.

Plus tard, il a rencontré

Colette.

Ils se sont mariés, ont eu deux fils. Au moment de prendre sa retraite, son beau-père lui a demandé de reprendre le cabinet. Il a terminé sa vie de travail *dans l'assurance.*

Maintenant.
Michel lit le journal. Il commence par la page des courses. Parce qu'il joue au tiercé. Tous les jours.
Quand quelqu'un peut l'accompagner, il va jusqu'au bureau de tabac pour enregistrer ses tickets, sinon, *il y a le grand gars avec des culottes courtes* (au mois d'août, le gars en question portait un short) *qui vient tous les matins et tous les soirs, toujours à la même heure. Pour voir sa mère, je crois. Il est gentil, ce gars-là. Je ne connais pas son nom, mais il va jouer pour moi. Je lui ai dit: si je gagne, t'auras ta part. Pas de chance, je gagne jamais. Pourtant, j'en fais 4 par jour, des tiercés !*
Voilà. C'est la vie.

michel b.

Oui, c'est pas de chance. Mais continuez, il y a forcément un jour où ça va marcher ! C'est pas possible autrement.

On vous kiffe grave, Michel.

Merci pour cette rencontre !

Michel est parti jouer ailleurs le 12 mars 2016.

Irène
r.

“Irène, c’est le prénom qui figure sur ses papiers.

Mais depuis longtemps
les gens d'ici l'appellent la Reine.

Elle est née à Paulnay, en 1933.
Elle a grandi, est allée à l'école, l'a quittée pour travailler dans la ferme de ses parents à 12 ans, s'est mariée avec un gars du village, a passé sa vie entière ici.
Maintenant, elle a 84 ans, et elle vit à Mézières. Ce n'est qu'à 6 kilomètres de Paulnay. Mais c'est quand même très très loin. De tout. De sa vie d'avant, de sa maison, de son passé.

Quand on lui demande si elle a été heureuse, elle penche la tête et lève une épaule : *J'ai pas été malheureuse, j'me plains pas…* accompagné d'un petit rire, bien sûr, parce que… c'est comme ça, la Reine, elle ne se plaint jamais.
Un peu plus tard, elle ajoutera tout de même : *Mais c'est vrai que les gens sont plus heureux maintenant qu'à notre époque. Ils ont tout.*

La Reine, elle a un don.

Ce n'est pas donné à tout le monde !
C'est sa maman qui l'a choisi pour elle quand elle était encore au berceau. Pour

ça, elle a dû attraper une taupe (déjà, pas évident…), elle l'a enfermée dans un torchon (ah… OK…), a maintenu les p'tites menottes de bébé Irène (qui ne s'appelait pas encore la Reine à ce moment-là) sur le torchon avec la petite bête dedans, et a appuyé jusqu'à ce que la taupe meure étouffée (hou là…).
Et si ça avait été une taupe blanche, la Reine aurait été capable de soigner tous les maux ! Mais c'est très très rare, les taupes albinos. Il n'y en aurait qu'une pour 10 000. Alors…
Depuis ce jour, la Reine soigne toutes sortes de choses. Les entorses, les verrues, le zona, les brûlures…
En posant tout simplement ses mains là où ça fait mal.

Ceux qui ont ce don sont appelés des « var-taupiers » (contraction de varlope – ou vartope, furoncle pour les uns, zona pour les autres – et de taupe…).
Donc, la Reine est
vartaupière.

Chez elle, elle aimait faire la cuisine.
Il y avait toujours du monde à table. Quand y en a pour un, y en a pour deux…

Elle savait recevoir.
Ça lui manque.
De ne plus préparer le pâté de Pâques, de ne plus faire dorer la galette aux pommes de terre, ou mijoter un coq au sang…

De ne plus aller, en mai, cueillir dans les bouchures de quoi préparer la pousse d'épines. 5 litres de vin, 1 litre d'eau-de-vie, 600 grammes de sucre, une grosse poignée de pousses, laisser macérer.
Maintenant, elle a souvent le sentiment d'être inutile.

Mais il y a toujours du monde qui vient la voir pour se faire soigner une entorse, un zona, des verrues, ou une brûlure ! C'est ce qu'elle a toujours le plus aimé faire : s'occuper des autres.

Elle reçoit tous les jours,
sans rendez-vous.

irène la reine

Merci la Reine.

Vous êtes bonne comme le bon pain !

Vanda p.

“ Elle a le teint clair et les yeux très très bleus, Vanda. Un bleu de ciel.

Elle a 94 ans et n’en revient pas elle-même d’être arrivée à cet âge-là. Quand on lui dit qu’elle est bien partie pour atteindre 100 ans, ça la fait sourire, et elle remercie. Comme à un compliment.
Vanda aime la vie, ça lui plairait bien de rester encore un peu. Mais en forme, c’est mieux.
En polonais, Wanda se prononce comme en français, Vanda.

Ses parents sont arrivés ici après la guerre (celle de 14-18, et ses 18 millions de morts). Ils venaient chercher du travail, ils en ont trouvé. À cette époque, il y en avait. Mais bien sûr, ils sont venus seuls, sans leurs trois enfants. Il fallait qu'ils voient d'abord. Ensuite, qu'ils se logent, apprennent la langue, s'intègrent, travaillent, travaillent, travaillent. Et peut-être, au bout de quelque temps, économiser. Pour un jour, enfin, pouvoir faire venir les petits… Mais ça ne s'est pas passé comme ça. Un an plus tard, Vanda est née, ils ont dû se réorganiser, changer leurs plans. Et puis, son père est tombé malade.

À sa mort, sa mère s'est résignée : avec son seul salaire, elle ne pourrait jamais subvenir aux besoins de 4 enfants.

Les trois aînés sont restés là-bas. Définitivement.
(Comme un écho… du passé au présent, l'histoire se répète, encore et encore, inlassablement, guerres, souffrances, familles déchirées, enfants meurtris… jamais ça ne s'arrête…)
Vanda a grandi, s'est épanouie.

Et à 18 ans, elle a rencontré
Serge.
Quand elle parle de lui, elle a des étoiles dans les yeux. Comme celles que l'on

devine briller sur leur photo de mariage.
Magnifique (la photo).
Étincelantes (les étoiles).
Vanda dit de lui, comme une évidence :
Il m'adorait.
(Et nous, on la regarde, un peu ébahies… waouh… génial…)
Quand on s'est rencontrés, on a tous les deux eu un coup de foudre. J'étais chez des amis de maman, il est arrivé, on s'est regardés et… ça a fait « tic » !
S'est ensuivi…
Sur la place de l'hôtel-de-ville, à Paris, il y avait un manège. Il a dit à maman : « Vous permettez, madame, que j'invite votre fille ? » On est montés…
Elle fait une pause, avant d'ajouter avec un petit rire…
Ça a tourné pour moi !

Paris. La guerre.

Serge s'est fait arrêter une première fois et emmener comme prisonnier en Allemagne. Mais il a réussi à s'évader. Après une nuit entière, perché sur un toit, à attendre l'arrivée d'un train, il a sauté dans un wagon de marchandises. Arrivé à Paris, il est allé se cacher chez la maman de Vanda. Il ne rentrait chez lui que la nuit, vers 3 heures du matin, quand tout était calme, qu'il n'y avait pas de bruit…

Un soir tard, la concierge de l'immeuble est arrivée devant ma porte avec deux

Allemands. Elle m'a fait des yeux… j'ai compris, ils venaient le chercher. Oh, mon Dieu, aidez-moi ! Je leur ai dit que ma fille était malade – c'était la vérité, elle avait la rougeole –, je leur ai montré les tickets de rationnement qui étaient sur la table. « Regardez, je suis seule, ma fille est malade, je n'ai plus de pain, et… mon mari est parti avec une dame ! C'est honteux ! » Je ne sais pas comment j'ai trouvé ça… c'est sorti tout seul… Ils m'ont crue et ils sont partis. Mais qu'est-ce que j'ai eu peur…

Et puis, il s'est fait arrêter une deuxième fois vers la fin de la guerre. Et s'est encore évadé.

C'était un homme très courageux. Incroyablement courageux. Et très fort, aussi…

Le voyage.

À 54 ans, Vanda est allée en Pologne. *C'est joli, Varsovie, c'est impeccable. Les maisons… pas un papier par terre, pas une croûte de pain à droite, à gauche, dans les rues…*

Eh oui, j'en suis fière ! Parce que c'était très propre.

Là-bas, pour la première fois de sa vie, elle a rencontré sa sœur aînée.

La seule et unique fois.

Vanda est émue en l'évoquant, mais ne pleure pas. Elle pense aussi à tous les autres qui sont partis, ses parents, ses amis, son mari…

Ça fait du bien de se souvenir. On ne doit pas les oublier.

Ce qu'elle pense de sa vie ?
C'est bien, ça a été. Bien sûr, il y a eu des moments durs… mais dans l'ensemble, ça va. Et elle sourit. Évidemment.

Kochamy cie, Vanda !
À prononcer : « Korameu tchê ».

On vous aime, Vanda !

Vanda a rejoint Serge,
le 24 décembre 2016.
À 95 ans.

Jean p.

“ Jean aime la précision des chiffres, des dates.

J'suis allé à l'école jusqu'au 14 juillet, et j'ai eu 14 ans au mois de décembre.
On embauchait du 14 juillet au 1er octobre, à ce moment-là.
Y retourner pour juste 2 ou 3 mois, ça valait pas l'coup.
J'y suis pas retourné.
Et il aime plaisanter.
J'ai pas passé le certificat d'études. J'étais à côté… mais pas dessus !
(Ah !)
C'est pas grave, y en a p'têt' des fois qui sont plus bêtes que moi…
(Ben oui, c'est sûr.)

Avant la guerre, on n'avait pas voyagé beaucoup. Quelques jours à la mer, avec l'école.
À part ça, on n'est pas sortis beaucoup.
Enfin si… d'la maison !
(Sacré Jean, va !)

Et puis, alors qu'il faisait son service militaire à Angoulême depuis quatre mois, on l'a envoyé en Algérie.
(Guerre d'Algérie : 1954-1962.)

Il y est resté 2 ans.
Quand il est rentré, il avait 22 ans et 4 mois.

– Vous saviez pourquoi on vous envoyait en Algérie, Jean ?

Tout le monde s'est demandé c'qu'on faisait là-bas ! Et même après… Ils nous ont emmenés là-bas comme des bêtes, c'est le cas de le dire… Ils nous ont pris à Angoulême, ils nous ont emmenés à la gare de Bordeaux, et puis ils nous ont foutus dans le train jusqu'à Marseille, ensuite sur le bateau, et puis Oran, et pffuit… au fond, à la frontière marocaine !
À la frontière tunisienne, y a des gars qui se sont fait tuer. En Kabylie aussi, c'était pas bon. Mais à Lalla-Marnia, à la frontière avec le Maroc, y en a bien eu qui ont fini au tas, mais c'était moins méchant. Ils nous ont bien tiré 3 ou 4 fois dessus. Mais c'était pas l'diable. 3 ou 4 fois en 2 ans, ça réveille ! Mais enfin bon…

– Vous avez eu des permissions ?
Je suis revenu 3 semaines au mois de mai. En 2 ans, c'est pas de trop.
Et puis, je suis retourné. Si j'avais voulu, j'aurais pu rester en France finir mon temps, mais j'ai dit : « Si j'reste là, ils vont me mettre en prison ! »
Là-bas, on était bien plus libres. Les officiers, là-bas, ils se pliaient comme nous. Les officiers, et même le colonel, ils nous serraient la main ! On était bien. On était que des copains.
J'en ai appris plus là-bas en 2 ans que tout le temps que j'ai passé à l'école !

Quand est arrivée la quille, son capitaine lui a proposé de

s'engager.

T'as rien à craindre, dans 2 ans la guerre sera finie (il avait vu juste) *et, pendant ce temps-là, je t'envoie à l'école à Alger et tu montes en grade.*
Lui-même était passé par là, et de cabot il avait fini capitaine.

Mais je suis rentré.
J'ai regretté… il avait raison.
À 45 ans, j'aurais été à la retraite ! C'est dans ce moment-là que j'y ai pensé… Bon Dieu, tu parles d'un con ! T'as pas su y faire…
Enfin bon, j'ai fait c'que j'ai voulu. C'qui m'plaisait. Voilà.

C'est déjà pas mal, Jean. Y en a beaucoup qui ne peuvent pas en dire autant…

jean p.

Merci Jean.

Vous êtes un sacré bonhomme !

Jean a pris le large
le 25 juillet 2016.
À l'âge de 78 ans.

Odette d.

“ La discussion tourne autour de l’accent berrichon.

– Vous, Odette, par exemple, vous n'avez pas complètement l'accent, OK, mais vous roulez les r tout de même…

Elle fronce les sourcils, sceptique.

– Si si, Odette, il n'y a aucun doute, vous rrrrroulez délicieusement les rrrrr !

Elle s'éclaire : *Ah, c'est vrrrai ! On me l'a déjà dit, ça.*

Il fait beau, elle sort faire une promenade. Et même si elle dit : *J'ai 93 ans, mais mes reins et mes jambes, ils n'en veulent pas !* elle marche encore plutôt bien, et avec juste une canne.

On était 7 à la maison, plus une petite nièce qui avait perdu sa maman, la pauvre petite, et qui est venue se grouper avec nous, ça fait qu'on était 8.

À 11 ans, après sa communion, elle a arrêté l'école. Et elle est restée avec ses parents. *On travaillait dur, très très dur, on allait dans les champs faire les foins et tout ça... On n'avait rien. C'était pareil dans toutes les grandes familles. Mais on a toujours mangé notre soupe, chez nous...*

Odette a eu 3 enfants.

Il n'en reste plus qu'un aujourd'hui. Le chagrin ne la quitte jamais longtemps. Quand ses yeux sont fatigués de pleurer, elle soupire : *Je pense que je n'ai pas été épargnée, la croix a été lourde. C'est peut-être à cause de ça que ça m'a laissée un peu maussade…*

La vie, elle est pas comme la rivière, vous savez…

Et puis, elle se reprend.

Mais l'entourage y est pour rien. Il faut garder un peu de savoir-vivre.

Toujours à propos des enfants :

Mon mari m'a dit un jour : « Tu sais, on sera pas bien heureux, il faudra tirer la ficelle.

Mais je voudrais pas que mes enfants soient malheureux comme on l'a été. On va les envoyer à l'école. »

Et c'est ce qu'ils ont fait. Avec l'aide de l'instituteur du village, un monsieur vraiment très gentil, qui les a beaucoup aidés.

Mais est arrivé le jour de la rentrée.

J'me suis tant souciée quand mes enfants s'en sont allés au lycée Giraudoux! (À Châteauroux, en internat.) *C'est pas croyable ce que j'ai souffert... Quand je suis arrivée, là-bas, dans la cour, j'ai dit: « C'est pas possible, mais on n'a pas dû réfléchir ! tout au moins, pas beaucoup... » Le soir, quand je suis rentrée, j'ai dit à mon mari: «Je savais bien qu'on était bêtes, mais je savais pas qu'on était fous!» Je m'en rappelle comme si c'était hier!*

Odette se souvient aussi de la

guerre…

Avec le petit, j'avais droit aux tickets de rationnement. Il y avait une petite vieille qui venait des fois, elle habitait pas loin… La pauvre… Quand je pouvais, je lui faisais un peu de chocolat au lait, et puis je lui donnais une petite tartine de pain. Mais elle la mettait dans sa poche… elle la cachait ! C'était toute une affaire que je lui donne une petite tartine de pain comme ça.

Quand on a eu les tickets de rationnement, la plupart, ils se rendaient pas compte. Le peu qu'ils avaient droit, ils le prenaient, et après, il y avait plus rien ! Fallait que ça fasse le mois. Fallait pas trop le débaucher…

On peut pas faire autrement que de s'en rappeler, de tout ça.
À Saint-Michel, ils ont brûlé des maisons. C'était terrible. Les Hindous[1] *sont passés avant les Allemands. Ils étaient pas nombreux nombreux, mais c'était vraiment la cruauté avec eux. Il y a eu des morts, ils ont violé des femmes… Dans le petit pays où on était, il y a eu 3 morts…*

---

1. Indiens de l'armée anglaise faits prisonniers en Libye par les Allemands. La Légion de l'Inde libre (ou « Les Tigres bondissants »), sous commandement allemand, fut chargée de dégager les routes du repli. Le 29 août 1944, ils entrent dans le département de l'Indre, passent par Martizay, Saint-Michel-en-Brenne, Mézières-en-Brenne et Vendœuvres. La surprise, en voyant arriver ces hommes noirs, en shorts, portant des turbans et, pour certains, de très longues barbes (les Sikhs), est totale. En représailles aux embuscades et à la suite de pertes dans leurs rangs, ils se vengent en semant la terreur. Ils pillent, brûlent, tuent, violent…

On a pris du temps pour se remettre de tout ça. Vous allez dire qu'avec le temps, il faut bien oublier, mais il y a des choses qui restent.

Et dans l'avenir…

Il y avait beaucoup d'amitié dans le temps. On n'avait rien, alors on s'aidait. Maintenant, tout ça, ça n'existe plus. Je crois pas que ça reviendra, de s'aider comme on faisait. Les gens ont eu trop… Nous, on n'avait pas, alors… Non, non, ça reviendra jamais, c'est certain.

Bon, c'est pas le tout, mais il va bientôt être l'heure de déjeuner.

Odette s'installe dans le couloir avec ses voisins, voisines.

Elle est en forme.

Vous connaissez le dicton? C'est très vieux… C'est quand on se rencontre tous en même temps à un endroit, on dit: « Comme des ânes à l'abrrreuvoir ! »

Merci Odette.

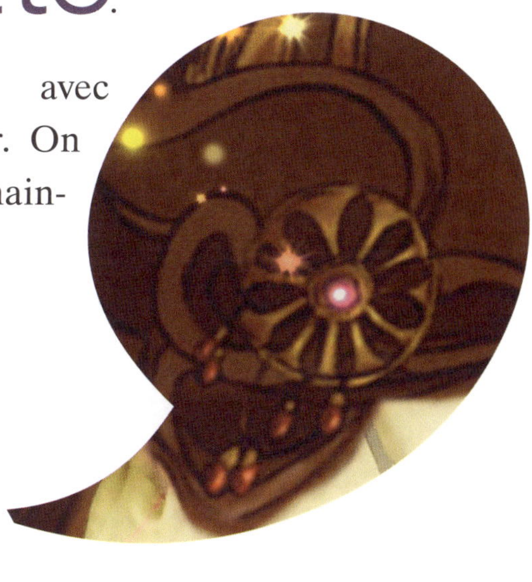

D'avoir partagé avec nous votre savoir. On est moins bêtes, maintenant !

Raymonde b.

“Mes parents, la campagne... y avait pas d’argent, rien du tout, c’était très dur...

PARIS

On était 10 frères et sœurs… il fallait chercher l'eau au puits, laver le linge dans les grands baquets… J'ai beaucoup lavé à la main, c'était dur, surtout l'hiver… Dès le début que j'étais mariée, j'avais 16 ans, y avait pas encore l'électricité… les bougies, ça durait pas longtemps… les lampes à pétrole, c'était mieux… On portait des galoches, c'étaient des souliers en cuir avec des semelles en bois… ça prenait pas l'eau quand il pleuvait, mais c'était dur aux pieds… Dans les sabots, on mettait de la paille, c'était mieux, on avait pas froid…

Raymonde est née en 1926.

Elle a vraiment commencé à vivre arrivée à la retraite, quand elle a découvert les voyages. Ses yeux s'illuminent quand elle en parle.
J'ai été en Turquie, c'était pas mal, du reste… Aux Baléares, en Italie, les pyramides en Égypte… En Angleterre, j'y ai été, mais c'est pas formidable, j'ai pas tellement aimé, surtout la nourriture. Mais ils se sont peut-être améliorés, parce que c'était y a longtemps.
Non non, Raymonde, la cuisine anglaise n'a pas changé, on vous le confirme !
Mon mari est jamais venu avec moi. Il aimait pas les voyages !
Ah, les Baléares, tout là-dedans, c'était beau… On était un p'tit groupe, c'était bien.

Avec Mme F. (une autre pensionnaire de la maison de retraite), *j'ai fait la plupart des voyages.*
J'ai fait de l'avion, j'ai fait du bateau, c'était pas déplaisant… Mais tout à l'heure, j'ai arrêté, je suis trop fatiguée.
Petit aparté sur l'expression « tout à l'heure » qui, comme chacun sait dans le Berry (sauf Barbara, à ce moment-là), veut dire « maintenant ».
Et Raymonde d'ajouter d'un air rieur : *J'ai mon gendre qu'est parisien, combien de fois qu'il a dit à sa femme : « Mais qu'est-ce qu'elle a voulu dire, ta mère ? »*

Plus tard, Cecyl, qui est très branchée textile, lui demande :
– Combien vous aviez de robes dans votre armoire quand vous étiez jeune, Raymonde ?

C'est pas difficile, j'en avais 3. Ça m'embarrassait pas, les toilettes ! Je me rappelle, j'étais avec ma sœur, on m'avait fait faire une robe jaune. Je l'ai portée longtemps, celle-là. Je pouvais plus la voir !

Raymonde s'est **mariée** à 16 ans.

C'était un homme très gentil. Si j'avais besoin de quelque chose, si y avait de l'argent, il me le donnait. J'étais domestique dans une ferme avec mon mari. J'étais pas payée… Lui, il était payé mais pas moi.

Cecyl et Eugénie, ensemble :

– Mais la paye était comptée double, alors ?

Ah ben non ! Les femmes, elles travaillaient, mais elles étaient pas payées. Seulement les hommes. C'était comme ça dans le temps…

Et les enfants de l'Assistance publique, les orphelins, c'était pareil ! Ils travaillaient comme des esclaves, pour pas un sou... *Oui, ça, je l'ai vu...* Et ils couchaient dans les granges, sur la paille... *Oui, ils étaient très malheureux... je l'ai vu, ça...*
Un temps. Des soupirs.
Je trouve que tout à l'heure, la vie est mieux...

Raymonde a eu 6 enfants, 4 garçons et 2 filles.
Ils m'ont jamais donné de soucis. Ils sont tous très gentils, aussi bien les uns que les autres. De parler de ses enfants, les larmes lui montent aux yeux. *Ça fait des émotions... surtout que j'aime bien mes enfants... on s'est jamais disputés...*

Elle prend un mouchoir. *Ça va passer… j'en ai vu d'autres…*
Et Cecyl lui pose une dernière question.
– Est-ce que vous auriez aimé être une star, Raymonde ?
Ah oui, dame !
– Et… vous auriez fait quoi ?
J'aurais eu une belle maison, et j'aurais fait le tour du monde ! Les voyages, j'ai toujours aimé ça.

Merci Raymonde.

On vous embrasse fort, la grande voyageuse !

Lili b.

“Lili ne s’est pas toujours appelée Lili.

Au départ, ses parents avaient choisi Marie-Louise. C'est le prénom qui figure sur ses papiers. Mais sa grand-mère a préféré l'appeler Lili, c'est Lili qui lui est resté. Et ça lui va parfaitement.
Lili a 86 ans, mais elle a toujours un air de petite fille. Coquette, souriante et gentille. Elle a décoré sa chambre avec des bibelots et des meubles de chez elle, de sa maison d'avant. Et elle a accroché aux murs tout un tas de photos. Quand on entre, on inspire, ça sent bon le frais, le propre, un léger parfum de fleurs de printemps.

Ah ça, les fleurs, il aimait ça, mon mari. Il en mettait partout. Moi, j'avais pas la main verte comme lui. Laisse mes fleurs tranquilles, qu'il m'disait…
Elle aime bien regarder les photos de leur maison, aux rebords des fenêtres couverts de géraniums luxuriants.

De son **enfance**,
Lili dit : *J'aimais bien aller à l'école. On a eu un maître et une maîtresse. M. et Mme Villedieu, ils s'appelaient. Oh ben, ils étaient bien gentils tous les deux… Mais M. Villedieu, il était assez dur. Quand on faisait une dictée, il se mettait derrière moi*

avec sa baguette et sitôt qu'il voyait une faute paf !, un p'tit coup sur les doigts ! Il fallait faire 3 kilomètres à pied pour y aller, à l'école. Matin et soir. Avec une voisine de mon âge, on partait toutes les deux. On n'avait même pas un vélo ! Mon premier vélo, je l'ai eu quand j'ai passé mon certificat d'études, à 14 ans. Ça a été ma récompense. Le certificat… c'est pas mal, quand même. On était 13 à le passer et on n'a été que 2 à l'avoir, vous voyez…

De sa jeunesse,

Lili raconte : *Mon futur mari était coquassier, ça voulait dire qu'il achetait des volailles, des œufs et tout ça, dans les fermes. Il passait toutes les semaines. Un jour… j'ose même pas le dire… maman l'invite à boire un coup et elle me dit: « Lili, va donc dans la cave tirer du rosé au p'tit fût! » Mais il y en avait deux, des p'tits fûts, à la cave. Et rien d'écrit dessus. J'en prends dans un, au hasard, je reviens, je verse dans les verres. Et là, il dit: « Mais c'est du vinaigre qu'elle nous fait boire, là! » Ah mon Dieu, je m'étais trompée! « Excusez-moi, excusez-moi... »*

Lili rit. Avant de conclure, l'œil malicieux...

C'est pour ça que je dis toujours... je l'ai attiré avec du vinaigre!

Eh oui.

Quelque temps plus tard, Jacques l'a demandée en mariage et elle n'a pas dit non. La noce a duré 3 jours.

C'était comme ça, dans le temps, il y avait de grands mariages. Pas comme tout à l'heure...

De ses **regrets**,

Lili dit qu'elle aurait aimé avoir des enfants, mais son corps n'a pas pu. Quand elle a évoqué la possibilité d'adopter, son mari n'a pas voulu. *Il avait vu des familles qui avaient adopté et qui sont tombées malheureuses…* Alors, elle a gardé des enfants. Les enfants des autres. Elle en a eu 6 en tout. *Ils viennent toujours me voir. C'est un peu comme les miens.*

De ses **parents**,

Lili dit, en regardant le portrait d'un homme en costume militaire : *Mon père, il était dur. Mais ma mère, par contre, c'était une perle…*

De la maison de retraite, Lili tient à rappeler la décision qu'ils avaient prise ensemble, avec Jacques. *On l'avait dit : le dernier qui partira pourra pas rester là, tout seul, il ira à la maison de retraite. Eh ben… c'était moi. Et me voilà.*

On est bien entourés ici, ils sont gentils tout plein. Faut dire que j'suis pas méchante non plus…

C'est bien vrai, Lili.
Merci, jolie madame.

Jean m.

“ Même assis dans son fauteuil, on voit bien que Jean est très grand.

Et aussi très très costaud. Il confirme: 1,89 mètre, et précise que, jusqu'à l'âge de 30 ans, il était grand et maigre.

Puis il regarde Eugénie, debout à côté de lui (pour info: Eugénie est une jeune femme toute fine, toute fine), et l'œil rieur, il lance: *J'étais un truc comme ça!*

Ses souvenirs commencent au début de la guerre (1939-1945).

À 16 ans, il travaille à la ferme, à Paulnay, pour remplacer son père, prisonnier en Allemagne. *Il y avait beaucoup beaucoup de boulot… pour un gamin, 6 chevaux pour faire les labours, fallait y aller, quand même…*

À 17 ans. *Un dimanche, mon vieux, il m'a pris un truc… je suis tombé dans le pré ! Plus de son, plus de bonhomme. J'ai fait une paralysie infantile* (autrement dit, une poliomyélite). *Ça m'a duré 3 ans. Mais j'ai été bien soigné… Je pouvais plus marcher. Ils m'ont remis debout. Mes petits voisins de la ferme d'à côté, ils venaient me prendre pour m'emmener promener. Ils m'ont réappris à faire du vélo ! Des bons copains…*

À 20 ans.

J'étais guéri. J'ai repris le travail à la ferme. Ma mère était seule, mon père était pas

encore revenu. Et toujours autant de boulot. On se levait à 5 heures et on se couchait à 10-11 heures tous les jours.
Mais c'est qu'à 20 ans, à ce moment-là, il fallait partir dans les Chantiers de la jeunesse[1] *! Alors, quand ils sont venus nous chercher, avec les copains, on a fait notre choix: on est partis à droite, à gauche, on s'est cachés. Chez des gens du coin qu'on connaissait bien. On est restés 2 ans cachés dans des fermes. Y avait quand même des copains qui venaient nous voir… et des copines… C'est comme ça que j'ai connu ma femme.*
Pendant la guerre, on organisait des bals dans les greniers, dans les écuries ou ail-

---

1. Camps de travaux d'intérêt général, créés en remplacement du service militaire et rendus obligatoires, à partir de 1941.

leurs. On décorait avec des fleurs. J'avais un copain musicien qui venait jouer de l'accordéon. Et puis, voilà. On n'avait pas grand-chose, mais on s'amusait avec ça.
Son père est revenu et Jean est parti travailler ailleurs.

Il a été chauffeur routier, et puis il a fait le maçon *(ah ben! joli maçon...)*, et puis il a trouvé la femme de sa vie, Hélène.
Je l'avais sous les yeux depuis longtemps, mais enfin... on s'est mariés.
On a eu 3 gamins. Et après on s'est installés à Mézières, à l'épicerie.
Et je faisais les tournées avec mon camion.
Il en parle avec plaisir, de son camion, et avec un peu de nostalgie aussi. Il aimait ça, sillonner les routes, aller de villages

en villages, desservir les fermes isolées. Il aimait le contact, les gens, rendre service, commercer…
Conduire son camion d'épicier, c'était le boulot parfait pour lui. C'est ce qu'il a eu le plus de mal à abandonner.

Jean est veuf depuis plus de 35 ans. Il trouve que… *les gens, maintenant, ils s'aiment pas comme on s'aimait dans le temps.*
Ceux qui sont encore tous les deux, ils ont une grande chance.
Il y en a ici 2 ou 3 qui sont encore ensemble. Ils ont une grande chance.
Ceux-là, ils ont pas la même vie, ils sont pas tout seuls.
Quand on est vieux, on n'est plus bon à rien, c'est tout.

Cecyl saute sur l'occasion pour lui parler de son fantasme de vie éternelle. Et lui, l'œil de nouveau rieur, répond du tac au tac : *Y en a pas beaucoup à qui ça arrive !*

Et toc !

Merci Jean.

Vous êtes vraiment vraiment charmant.
Et on adore votre œil rieur !

Christiane m.

“Sur la porte de la chambre de Christiane, juste au-dessus de son nom, ses enfants ont collé la photo de Frank Michael, le chanteur de variétés.

Moka

Ils avaient invité Christiane à aller le voir chanter à Romorantin, c'est comme ça qu'elle a eu la photo.

J'aime bien Frank Michael, il chante bien. Et puis, il chante Toutes les femmes sont belles…

Elle se met à chanter, hésite sur les paroles, éclate de rire.

Il y avait un monde, au concert ! En plus, j'ai jamais vu ça, les cadeaux qu'ils lui faisaient… n'importe quoi. Y en avait qui donnaient leur foulard pour qu'il s'essuie avec, pour avoir sa sueur ! J'ai dit: « Les gens sont fous, c'est pas croyable. » Mais si, c'est pourtant vrai, je l'ai vu de mes deux yeux !

Elle est allée voir d'autres chanteurs, et elle a aussi fait des voyages avec les Salariés Agricoles. Maintenant, elle fait partie du Club de la Bonne Humeur. Mais elle ne peut plus voyager, elle est trop fatiguée.

Le 23 mars (2016), Christiane a fêté ses 86 ans.

Je me suis élevée à la campagne, entre Palluau et Arpheuilles. J'ai été à l'école jusqu'à 13 ans, parce qu'à la campagne, en ce temps-là, y avait des vaches à garder. Alors mon père, il nous a enlevés de l'école avant le certificat. C'était comme ça, à ce moment-là.
Mon mari et moi, on a été 17 ans et demi dans la même ferme. Par contre, mon mari

était déclaré salarié mais moi, j'étais ni déclarée ni salariée… Mais je travaillais quand même ! À ce moment-là, c'était comme ça.
Ouais… (et ça nous coupe le sifflet encore une fois).
En attendant que l'ange ait fini de passer, nous laissons promener nos yeux. Ils tombent sur deux ours en peluche posés là, sur le radiateur. Ce sont ses petits-enfants qui les lui ont apportés.
Elle en attrape un, appuie sur ses oreilles puis sur ses pattes. L'ours parle, il a une voix de robot.
Bisous, bisous.
Ses yeux pétillent. Elle s'amuse comme une gamine. *Un ours qui parle, oui d'accord, c'est pas possible, mais des oiseaux, si ! Les merles, les pies, les corbeaux, ça parle des fois !*

Ce qui lui fait penser aussitôt au jour où… *J'étais allée aux Hérolles, et dans le restaurant où j'étais, y avait un perroquet. Alors, j'lui ai dit: « Bonjour Jacquot… » Il s'est mis à rire ! J'me suis dit: Mais il se fiche de moi, c'est pas possible !*
Elle rit aux éclats.

Et très vite, il lui revient une autre histoire d'oiseau…

Ma maman était placée chez des bourgeois, dans l'temps, à Paris. Eh ben, sa patronne – c'étaient des gens un peu de la hauteur –, elle avait des amis. Alors elle dit au perroquet: « Dis bonjour, Jacquot… » Il s'met à lui dire: « Merde merde merde ! » Oh, la patronne… « Enlevez-moi ça d'ici tout de suite !» Mais après, elle a disputé : qui est-ce qui lui avait appris ça ? Mais c'étaient pas les enfants qui lui avaient appris, c'étaient les ouvriers qui lui faisaient répéter !

Elle rit encore longtemps.
Son estomac lui signale qu'il est presque midi. Elle s'agite. Christiane aime bien manger. Et surtout, elle aime les gâteaux ! Avant, quand elle était chez elle, elle en faisait souvent. Pour les anniversaires ou pour d'autres occasions. Sa spécialité : le moka.
Un biscuit de Savoie, je le coupais en deux, j'mettais de la crème pâtissière par le milieu et sur le dessus, après je mettais du chocolat dans la crème pâtissière, je remplissais une douille et avec la seringue, je faisais des dessins, ou j'écrivais dessus.

Mais c'est vraiment depuis qu'elle est arrivée à la maison de retraite qu'elle a commencé à grossir.
J'ai des vêtements qui me sont devenus trop petits, que je peux plus mettre. Y a des gâteaux tout le temps, ici. Même à 4 heures ! Alors j'en mange !

Et pour blaguer…
Il faut que je demande au docteur la pilule pour maigrir !

Merci Christiane.

On a adoré rire avec vous !

Jeanne g.

“ Jeanne est née en...
1915 !

Elle est fine. Elle est belle. Le regard aiguisé et le verbe haut. Elle porte des pantalons et des chemisiers imprimés Liberty. Elle a la super classe ! Quand elle s'assied dans son fauteuil, elle croise toujours les jambes, pose un bras sur l'accoudoir, appuie le menton sur sa main.
La position du penseur.

On y croit pas, on y pense pas, et ça arrive. C'est comme ça, la vie.
Mais comme elle aime provoquer, elle ajoute : *Moi, j'ai jamais pensé à rien !*
Ha ha ! D'accord.

Elle est restée **seule** chez elle jusqu'à l'âge de 97 ans. Un pied à Nantes, où elle a passé 75 années de sa vie, et un autre à Saint-Michel-en-Brenne, où elle est née et où elle a choisi de mourir un jour. Pour l'instant, elle n'en prend pas trop le chemin…

(En 2015, lors de nos rencontres…) elle se lève tôt, marche bien et sans aide, lit des magazines people (même si *c'est un peu toujours la même chose*), égrène du pain sur son balcon pour nourrir les mésanges, regarde les chaînes d'info (d'un œil distrait, certes), participe (souvent) aux activités proposées aux pensionnaires, se tient au

courant de la santé de chacun (*sans jamais se mêler des affaires des autres, hein !*).
De sa vie d'avant, elle dit : *J'ai jamais trouvé le temps long.* Ce qui n'est plus tout à fait le cas aujourd'hui. Mais c'est comme ça, la vie.
Quand on lui dit qu'elle a *du caractère*, elle répond : *Oui, ça je sais. Pas facile… On me l'a dit souvent… Mon mari me disait que, s'il avait un caractère comme moi, il y a longtemps qu'on ne serait plus ensemble ! Alors moi, j'ai dit : « C'est pas difficile, si tu te trouves pas bien avec moi, t'as qu'à partir ! Y a pas deux solutions. »*

Il est resté.
Il m'a supportée toute la vie.
Ma mère était pas commode… Les chats font pas des chiens.

Papa, c'était le bon papa. Jamais il m'a donné une gifle, jamais de fessées. Il m'aimait bien.
Ma mère aussi, mais elle était plus autoritaire.

Son **premier** souvenir, c'est le retour de son père de la guerre. Mais… elle n'est pas sûre que ce soit un vrai souvenir, peut-être en a-t-elle entendu parler si souvent que des images se seraient gravées… ?
(Note sur la guerre de 14-18 : l'Armistice a été signé le 11 novembre 1918, mais ce n'est que près de 8 mois plus tard, à la signature du traité de Versailles, en juin 1919, que la paix sera officiellement décrétée.)
En 1919, Jeanne avait 4 ans.

Pendant des semaines ou des mois, tous les jours, sa mère l'emmenait à la gare, pour voir si son époux était arrivé. Un jour, un homme s'est avancé vers eux. C'était la première fois qu'elle voyait son père, et Jeanne croit se rappeler que ça ne lui a rien fait du tout…

Jeanne est enfant unique.
Du côté de son mari, ils étaient 9. Elle a eu 8 enfants.
Mais elle arrive à dire sans sourciller : *J'ai rien fait d'exceptionnel.*
Comment ça, rien d'exceptionnel ? Huit enfants, Jeanne, c'est un boulot énorme !
Bon, mais sinon…
Y a-t-il des choses que vous auriez aimé faire et que vous n'avez pas faites ?
Y en a beaucoup.

Quoi, par exemple ?
Ce serait trop long à décrire.
Vous ne voulez pas en parler ou… ?
Je ne peux pas le définir.
OK…
J'aurais aimé aller à l'école, ça oui. J'ai quitté l'école à 12 ans, j'ai pas appris grand-chose. J'ai fait de la couture. Oh lala, ça m'allait pas, ça… Ma mère était couturière, alors il fallait que je sois couturière ! J'ai jamais repris une aiguille après… Si, j'ai fait des tabliers pour les enfants, quand même. Pour cacher la misère du dessous !

Son portable sonne, c'est son petit-fils, elle répond. *Tu es où ?… À La Rochefoucauld ? Mais qu'est-ce que tu fiches là-bas ?… Une abbaye à 30 kilomètres de Mézières ? Mais c'est pas à La Rochefoucauld que tu es, mon pauvre, tu déraillles complètement ! C'est à Fontgombault ! Si tu sais pas lire les panneaux, qu'est-ce que tu veux que je te dise ?* Et elle raccroche.

Plus tard, Jeanne nous dira que son plus grand regret, c'est de ne pas avoir pu devenir infirmière. En cachette de ses parents, elle avait même envoyé une lettre pour s'inscrire dans une école d'infirmières à Paris. Mais sa mère n'a jamais voulu la laisser partir.

– Quand vous viviez à Nantes, Jeanne, vous alliez à la mer quelquefois ?
Oui. On y allait souvent. Jamais je me suis baignée. J'ai jamais été plus loin que les genoux. J'aime pas l'eau. Et j'aime pas les bateaux !

jeanne g.

Merci Jeanne.

Vous êtes une femme

magnifique!

P.-S.: Pour votre secret de longévité, on n'est pas sûres d'avoir bien compris: est-ce qu'il faut ne faire **que** ce qu'on veut dans la vie? Ou ne rien faire du tout? Eugénie dit que c'est… mais Cecyl, elle pense que… et Barbara, elle sait plus… c'est ballot.

Augustin d.t.

“ Cher Augustin,
Ce texte n’est pas votre portrait, je n’ai pas su l’écrire. J’espère que vous me pardonnerez.

Vous êtes la première personne que j'ai eu l'honneur de rencontrer ici. Eugénie vous avait parlé du projet, vous vous étiez montré intéressé, j'avais hâte de commencer. C'était la première fois que j'allais écrire un texte à partir d'histoires réelles, j'avais un peu la pétoche. En entrant dans votre chambre, j'ai croisé votre regard, il m'a transpercée, vous avez commencé à parler, l'urgence était de vous écouter.

Ce n'est pas de votre faute, Augustin, mais certains jours, cette saleté de maladie vous serre tellement la mâchoire, on a du mal à vous comprendre. Imaginez mon désarroi, j'avais accepté un projet d'écriture basé sur vos mots, votre récit de vie, et paf ! dès le premier jour, je ne comprenais rien à ce que vous disiez ! *¡ No entendía nada ! ¡ No comprenía rés !* Eugénie, elle, ne semblait pas éprouver autant de difficultés, c'était troublant. Étais-je atteinte d'une surdité hyper sélective ne concernant que les personnes âgées ? Dès ma première rencontre avec un vrai vioc en chair et en os, je me vautrais ? La honte.

Bon, si je vous raconte ça, c'est simplement pour vous expliquer par quoi je suis passée avant d'en arriver à cette lettre.

À la suite de cette première rencontre, j'ai bien évidemment songé à renoncer. Mais ça n'a pas duré (il en allait de ma fierté). Maintenant, je crois être en mesure d'expliquer mon incapacité à écrire ce texte. Vos dualités sont si fortes, si tranchées, Augustin, vous êtes comme une bombe, prêt à exploser à tout moment, et dans le même temps, tellement fragile… Comment imaginer, dès lors, sans risquer de vous trahir, n'écrire que deux pages pour vous ! J'ai donc choisi de ne pas tracer votre portrait, mais de rendre brièvement compte de nos discussions. J'espère que vous ne m'en voudrez pas.

Le **premier** jour. Vous avez parlé de l'Espagne, de la guerre civile, de votre père instituteur et anarchiste, de l'exil, de votre métier de menuisier, de votre fille que vous aimez plus que tout au monde. Et puis, vous avez voulu expliquer la raison pour laquelle vous étiez arrivé ici, à Mézières. À peine aviez-vous commencé à évoquer votre femme, d'un coup votre corps a été secoué de spasmes violents et muets. Je n'ai pas tout de suite compris ce qui se passait, j'ai cru à un malaise. Mais non, vous pleuriez. Et c'était déchirant.

Un autre jour. Nous avons commencé à parler espagnol.

Je crois que ça vous a amusé que je ne sache pas utiliser le « vous » de politesse, je vous ai demandé de me corriger, vous ne l'avez pas fait. Résultat, quand nous parlons espagnol ensemble, je vous tutoie, Augustin !
Le lendemain. Vous m'avez raconté, outré, qu'une des pensionnaires avait dit dans votre dos, mais sans aucun doute à votre intention : « En France, on parle français ! » Vos yeux lançaient des éclairs. Vous étiez vivant, c'était bien ! Je vous ai répondu : « On s'en fiche complètement de ce qu'elle pense, la pauvre vieille ! C'est dommage, elle ne saura jamais combien ça ouvre

la tête, combien ça aide à penser autrement de parler d'autres langues que la sienne.» Je crois que ça vous a plu que nous nous liguions contre la connerie. Vous avez ébauché un sourire.

Une autre fois. Nous ne nous étions pas vus depuis un moment. Vous faisiez un peu la tête.

Je vous ai demandé si votre fille était venue vous voir, vous avez répondu oui plutôt sèchement, ça m'a surprise, mais j'ai poursuivi: C'était bien? Vous êtes content? Non! Pourquoi? C'était trop court! L'expression de votre frustration était si intense, si sincère… il n'y avait rien à ajouter. Vous auriez été un enfant, j'aurais peut-être… mais non… (et c'est vrai, le temps qu'il vous reste est si court, on vous en doit bien un peu du nôtre...)

Une autre fois encore. Vous avez parlé de

Paris.

Du regret de ne pas y être resté. Vous y aviez beaucoup de copains, vous y aviez fait beaucoup la java... Mais sachez, Augustin, que cette ville n'est plus celle que vous avez connue. Vous ne supporteriez pas d'y rester même une seule journée. Toute cette injustice, tous ces hommes, ces femmes et ces enfants qui dorment sur le trottoir, qui n'ont pas de quoi manger, je vous jure, c'est insupportable. Après deux jours passés là-bas, à distribuer son argent de poche, Raphaël, mon petit-fils

(6 ans 3/4), a dit : « Je crois que Paris, c'est vraiment une ville carnivore. »
Voilà.

Merci Augustin

pour cette jolie rencontre.

Un petó amb el cor du catalan :
« Un **baiser**
qui vient du cœur ».

Gilberte V.

“ Gilberte a 4 amours :
ses chèvres,
ses fromages, Albert,
son mari, et Jean-Louis,
son fils.

Quand on lui demande de nous parler de ses chèvres, elle est intarissable.
J'en avais 8, des biquettes. J'ai l'album avec les photos. Mais il est resté à la maison. J'ai demandé à Jean-Louis de le ramener, mais il y pense pas.
C'est pas qu'y veut pas, c'est qui y pense pas !
Pour faire le fromage de chèvre : *Il faut tirer les chèvres… Après, il faut passer le lait pour la propreté, après, on le met dans des grands pots. Après, on met un peu de présure et une cuillerée de bégaud, c'est ce qu'on garde des fromages qu'on a fait de la veille (le petit-lait).*

Et puis, on met dans les moules et on attend qu'ils soient bien égouttés. Il faut attendre au moins 1 ou 2 jours avant de les saler. Après, ça dépend… Le mieux c'est la paille de seigle, parce que la paille de blé elle est plus creuse… Quand ils sont bien là-dessus, faut les tourner, le matin et le soir, on change de côtés. Il faut les mettre le plus possible dans le noir.
De jour en jour, souvent au bout de 4 jours, ils sont déjà bleuis. Le bleu est dessus, c'est là qu'ils sont bons.
Mais la différence qu'il y a de tout ça, c'est selon ce que les bêtes mangent ! Il faut qu'elles mangent du bon foin, des luzernes, des trucs verts… Ah ben ! dans les bouchures, les épines, elles aiment ça aussi, hein !

Les fromages, ils sont bons. Ils étaient tout le temps bons.

De son mari, elle dit…

Il habitait pas loin, mais je l'avais jamais vu. Il a été à la guerre. Moi, je le connaissais pas.
Quand il est revenu de la guerre, il pesait 37 kilos. Il a été 5 ans prisonnier dans les barbelés… Il a eu les orteils gelés. Il mangeait rien. Il a été malheureux…
On a été à un bal. On s'est connus comme ça. On a parlé, tout ça. Et après, on s'est mariés. Un an après, Jean-Louis est né.

Moi, je m'occupais des chèvres et lui, il faisait du blé, de l'avoine. On avait une trentaine d'hectares… il en avait bien assez !

Il labourait avec deux chevaux. On n'avait pas des mille et des cents, mais on était pas malheureux.
On vivait ensemble, on s'entendait bien, on avait Jean-Louis. On l'aimait tellement… Albert, il était fou de Jean-Louis !
C'est le 26 novembre 2005 que mon mari, je l'ai perdu.

De son **fils**, elle raconte la naissance…
J'ai qu'un fils. C'est un gentil fils. Il est estimé de tout le monde… Je l'ai eu dans de mauvaises conditions. J'ai tombé avec 2 seaux de bois ! Ben quand t'es chez toi, fallait bien travailler, hein…
Le 3 février au soir, la glace avait pris, j'allais vite avec mes deux seaux de bois

– j'ai toujours été vite – et j'ai fait une de ces dégringolades…

Sauf que j'étais enceinte de 8 mois !
(Note : j'ai choisi de ne pas relater l'accouchement aux forceps, les détails pouvant heurter la sensibilité de certains lecteurs !)

Finalement, ils ont réussi à le décoincer et à le sortir. On en a eu d'la misère pour l'élever… Ah mon pauv' petit…

Et elle enchaîne, sans faire de pause.
Les fromages, quand ils sont secs, ils sont prêts, on les mange. Jean-Louis, il en a mangé pendant 32 ans. Il en a t'y mangé, des fromages ! C'étaient les meilleurs fromages. C'est vrai, c'étaient les meilleurs fromages.

Merci Gilberte.

Même sans les avoir jamais goûtés, on adore vos **fromages** !

Plein de bisous.

Gilberte a rejoint son Albert le 11 janvier 2016, à l'âge de 93 ans.

Paulette p.

“ À l’école, quand elle a appris à compter, Paulette se rappelle avoir calculé qu’elle aurait 80 ans en l’an 2000 (c’est pratique, les chiffres ronds).

Au moment de notre rencontre, en 2015, elle en a 95. Et franchement, elle ne les fait pas.
95 ans, c'est beaucoup beaucoup d'années… ça donne très très envie de demander : à quoi on pense quand on arrive à cet âge-là ?
Et Paulette, elle répond tout de go : *On se demande ce qu'on fait là, assis dans un fauteuil, à pas pouvoir bouger, pardi !*
C'est pas rien de ne plus bouger, de rien pouvoir faire toute seule.

Y en a qui perdent leurs idées, ça c'est le plus malheureux... Mais quelquefois, on aimerait autant pas en avoir, des idées! Parce qu'on pense à des choses... à quand on était p'tits, à quand on était jeunes.
Et puis, on pense davantage aux parents. Je crois que quand on approche de la fin, on y pense davantage. Je pense à ma grand-mère, maintenant, alors que j'y avais plus pensé depuis des années.
Je l'aimais beaucoup, ma grand-mère. C'était ma mémé... Elle a un petit sourire en disant ce mot-là: mémé. Ça faisait longtemps qu'elle ne l'avait pas prononcé, on dirait. Depuis qu'elle était petite, peut-être.

Et les souvenirs qui reviennent, se bousculent.

Ah! quand elle et sa petite sœur lui faisaient des farces, à leur mémé! Ça l'amuse de se rappeler, mais avec une pointe de culpabilité, tout de même… *La pauvre, on a été vaches avec elle…* un petit pincement au cœur… *C'était peut-être pas méchant, mais pas très gentil quand même…*

Ne vous inquiétez pas, Paulette, c'étaient des jeux d'enfants sans conséquences. On en connaît qui ne font pas des farces aussi mignonnettes que les vôtres, vous savez!

Le coup de la peau d'orange: *Elle avait les cheveux longs, et tous les jours, elle se faisait une tresse, pas plus épaisse que le doigt, elle l'entortillait pour*

faire un p'tit chignon qu'elle s'accrochait sur le haut de la tête. Un jour, on n'a rien trouvé de mieux que de poser la peau d'une demi-orange sur son chignon !
Et nous v'là parties au marché. La poissonnière lui dit : « Ah ben, vous êtes jolie, aujourd'hui, mère Vinçonneau ! » Ma grand-mère lui répond : « Je suis comme d'habitude. – Ah ! vous croyez que vous êtes comme d'habitude ? Ben moi, j'trouve pas ! » Ma grand-mère a pas compris où elle voulait en venir, mais elle a dû se dire qu'elle pouvait bien penser c'qu'elle voulait, ça la dérangeait pas, elle l'a saluée et elle est partie. Elle a continué à faire ses courses. Finalement, quelqu'un est venu lui retirer la peau d'orange du chignon. Quand on lui a dit que c'était nous, comme elle était vexée, elle s'est fâchée. Mais après, elle a bien ri.

Le coup de la balançoire :

Elle nous avait emmenées en promenade. On s'est arrêtées sous un noyer, on a ramassé quelques noix, et puis, pour nous faire plaisir, elle a attaché deux branches ensemble pour qu'on puisse se balancer.
On s'est assises sur les branches et on s'est balancées, et puis, ça nous a pas suffi, alors on lui a dit : « Toi, mémé, il faut que tu t'y mettes aussi ! » Elle a fait des oui et des non mais elle a fini par s'asseoir.
On l'a balancée… sûrement trop fort, les branches se sont détachées. Mais c'est qu'en dessous, y avait quatre pieds d'orties ! On a peut-être rigolé, mais on a pleuré aussi.
Elle s'est fâchée et puis… elle a eu les larmes aux yeux…

Et dans ceux de Paulette à cet instant, pas de larmes, mais les images de la scène qui défilent, sans doute… le visage de sa grand-mère bien-aimée, ses yeux un peu mouillés, qui souriaient toujours à moitié, et son tout p'tit chignon perché sur le haut de la tête… Quand elle revient au présent, elle dit que c'est vraiment avec sa mémé qu'elle a le plus de souvenirs d'enfance.

Mais il n'y a pas que ceux-là. Il y a aussi son **mariage**.

Elle avait 23 ans, il en avait 16 de plus, ses parents n'étaient pas trop d'accord, mais elle a tenu bon. Il lui avait promis de la rendre heureuse. C'était un homme qui ne parlait pas beaucoup, qui ne discutait pas, mais qui

tenait sa parole. Paulette confirme, il a tenu parole, elle a été heureuse.
Petite ombre au tableau, tout de même : il n'aimait pas voyager ! Et ça, Paulette, elle aurait bien aimé. Elle raconte qu'une fois, ils sont allés voir ses parents en Normandie.
Ça a été toute une histoire. J'crois bien qu'on serait allés aux États-Unis, ç'aurait pas été pire ! Il aimait pas voyager, ah, ça non…
Il ne parlait peut-être pas beaucoup, mais il avait de l'humour, le bonhomme !
On était dans une ferme, donc il avait des bêtes. Sa jument s'appelait Bijou. Alors… ilme disait qu'il avait deux bijoux : sa jument et puis moi ! Et il me disait après : « Tu te vexes pas, hein ? c'est pas grand-chose… »

Ils aimaient rire. Et danser, aussi.
Et pour les voyages, eh ben tant pis.

L'Argentine, la pampa, le tango et le son du bandonéon, elle continuera à en rêver de son fauteuil. Parce que Paulette, maintenant, elle voyage immobile. Elle lit. Des tas de livres. Elle aime beaucoup lire. Les livres sur l'histoire, l'histoire de France, Henri IV, et tout ça. Et les romans, aussi, elle aime bien. Quoique certains romans la fatiguent un peu, parce que… *on connaît comment ça s'finit !*

Merci Paulette.

On vous **bige** !

(En berrichon : « On vous embrasse. »)

Jeanne b.

“ La chambre de Jeanne est toujours plongée dans la pénombre. Malgré ça, elle porte des lunettes noires.

Et ce n'est pas pour faire la star, mais parce que ses yeux sont sensibles à la lumière. Ce qui ne l'empêche pas de lire, d'ailleurs. Elle lit beaucoup.

Beaucoup trop, rapport à mes yeux…

Elle a un grain de voix très particulier, très grave, très profond. Il ressemble un peu à celui de Jeanne Moreau.

Notre Jeanne est née à Martizay en 1925. Ses parents avaient une ferme. *Je voulais pas faire ça. Ils auraient bien voulu. J'ai dit: « Jamais ! Je veux apprendre un métier. » Comme j'étais fille unique, j'ai fini par faire ce que je voulais…*

Elle a appris son **métier** en Indre-et-Loire, elle est devenue tapissière. *Ça me plaisait. J'aimais tout faire. Les canapés, les fauteuils, les chaises à garnir, les matelas, les sommiers, les dessus-de-lit, les rideaux, et tout ça. Il y avait du travail.*
Son futur mari, lui, avait appris le métier de tapissier avant de partir faire son service militaire.
Il était pour revenir et la guerre a éclaté. Il a été fait prisonnier, ils l'ont emmené en Allemagne. Il a passé 7 ans dans l'armée et comme prisonnier.
De 20 ans à 27 ans. Toute sa jeunesse…
En Allemagne, il a travaillé de son métier. Il a été un an malheureux. Mais après il

a rentré chez ces gens qui étaient contre Hitler. Quand il a travaillé là, il était moins malheureux. Il y avait pas grand-chose à manger, mais il mangeait avec le patron et la patronne. Ces gens, ils avaient un fils, un seul fils, et il s'est engagé dans l'armée hitlérienne. Ils ont été mécontents…

En août 1944, Jeanne a 18 ans.

On a eu les Allemands à Martizay. Ils auraient pas dû passer par là, mais y a une pancarte pour indiquer la route qui a été tournée, alors ça se fait qu'ils sont passés chez nous. Ils ont fait des dégâts à Yzeures-sur-Creuse, et à Coussay-les-Bois, ça s'est battu… Les Hindous, ils ont ramassé des gens, ils les ont pris en otage…
Ça, c'est des mauvais souvenirs.

Mais il y en a de meilleurs…

La rencontre avec son futur mari, par exemple.

Je l'ai connu, je sortais avec une cousine qui fréquentait un de ses copains. C'est comme ça que ça s'est fait. Par copinage. La cousine, ça s'est cassé, et nous, on s'est mariés ! On s'est rencontrés le 24 avril et on s'est mariés le 23 avril l'année d'après. Et mon fils est né le 28 mars de l'année suivante.

Bien des années plus tard…
Jeanne et son mari ont quitté Martizay pour venir ici, à la maison de retraite de Mézières.
Le docteur avait peur la nuit, pour mon mari. Parce qu'il m'arrivait de tomber. Il a dit : « Si vous tombez tous les deux, comment

vous ferez ? » On a dit : « On vous téléphonera. » « Et si vous ne pouvez pas téléphoner ? Envisagez la maison de retraite. »
On s'est pas décidés tout de suite. L'hiver est arrivé, et puis, on s'est décidés. On est arrivés ici le 1er décembre.

Jeanne et ses opérations.

Elle s'est fait opérer deux fois de la hanche.
Une première fois, on m'a mis une prothèse à Châteauroux. Elle a duré 5 ans et elle a cassé. Je me suis fait réopérer… mais je suis pas retournée chez le même chirurgien. Il m'a eue, il m'aura pas 2 fois ! Il a fait du mauvais travail. J'ai une jambe plus courte de 10 centimètres.

Elle remonte sa jupe au-dessus des genoux, pour le prouver.
Ah dites donc, c'est beaucoup 10 centimètres !
Eh oui, j'ai toujours été un peu bancale…

Jeanne est seule maintenant.
Ses enfants viennent la voir, de temps en temps. Mais ils habitent loin.
En Normandie.
Ça fait de la route…

Merci Jeanne.

On vous embrasse bien fort, jolie madame !

Paulette j.

“ Paulette, à nos premières rencontres (été 2015), s’inquiétait déjà beaucoup de l’état de sa tête.

La première fois que je m'étais assise près d'elle, elle s'était agrippée à mes bras, avait planté ses grands yeux dans les miens, m'avait caressé les cheveux. C'était très émouvant. Une question revenait sans cesse : *Vous trouvez que je perds la tête ? J'ai peur de plus avoir toute ma tête…* Elle attendait une réponse, mais ne l'écoutait pas vraiment. Oui, je pensais sincèrement qu'elle allait plutôt bien. Elle avait des moments d'absence, certes, mais qui n'en a pas ? Je n'avais pas vraiment de références sur le sujet. À part quelques lectures. Ou des films, au cinéma.

allumée ! J'ai peur ! Nous sommes en plein jour. Elle crie qu'elle veut mourir, qu'elle n'a pas peur, qu'on appelle sa fille ! elle veut lui dire au revoir…

La fille raconte sa

maman.

D'avant.

Elle avait un magasin à Déols.

Elle s'est mariée avec papa. Au magasin, ils faisaient salon de coiffure pour hommes et pour femmes, ils vendaient des produits de coiffure, de la chapellerie, et tout un tas de choses. Ils faisaient aussi les marchés. Ils vendaient de tout : shampoings, crèmes, vernis à ongles. Et des parapluies. Et ils louaient des costumes. Sa tante était coutu-

rière, c'est elle qui les faisait. Je me rappelle la malle dans laquelle ils les rangeaient. Je me rappelle un châle espagnol… de la sensation que j'avais de m'envelopper dans ce châle…

Maintenant.

Il y a des hauts et des bas. Il y a des jours où elle se rend compte que, dans l'unité où elle est, ils ne sont pas bien en forme. Elle dit même qu'il y en a qui sont pires qu'elle. Quand c'est le bon jour, il y a encore du positif. C'est difficile à cerner. Tant qu'on n'a pas rencontré ça de près, on ne peut pas comprendre…

paulette j.

Merci Paulette.

Merci Brigitte.
On vous embrasse toutes les deux,
très très fort.

Hyacinthe g.

“ Pendant la Deuxième Guerre mondiale.

Hyacinthe a été fait prisonnier. Il a passé 100 jours dans un stalag, en Allemagne. Il avait 19 ans.
Quand on était pris, ils nous emmenaient, ils faisaient des fiches, notaient les dates de naissance des personnes de la famille, tout ça…
Il portait le numéro 50347, stalag V-B (5B).
On n'était pas tatoués, ils nous mettaient un panneau autour du cou, comme les vaches. Ils nous faisaient travailler, creuser des tranchées, mettre des barbelés…

Ils nous ont emmenés en Forêt-Noire. En Bavière. (Le stalag V-B était situé à Villingen, dans la région du Bade-Wurtemberg allemand, à 800 mètres d'altitude, et à environ 50 kilomètres de la frontière Suisse.)
Il y en a qui ont été libérés en 40, on était pas loin (de la frontière suisse), *mais on pouvait pas y aller, sinon, on aurait été fusillés.* (Les tentatives d'évasion étaient fréquentes. Les prisonniers repris étaient envoyés dans des camps de représailles en Ukraine. Des allers simples.) *C'était beau, mais...*
On a connu la montagne, on a connu le froid, on a connu la neige. On couchait

dans la neige. Y en a beaucoup qui ont eu les pieds gelés. Y en a un avec nous qui avait une épicerie-mercerie, il avait ramené du coton à tricoter, il savait ravauder ses chaussettes. Il savait peut-être pas lire, mais… il savait ravauder !

On a été aussi à Memmingen. (À une centaine de kilomètres de Dachau. Le camp de Dachau comptait 169 kommandos extérieurs et faisait profiter de cette main-d'œuvre forcée les entreprises allemandes, pour la plupart dans le secteur de l'armement – usine Messerschmitt à Memmingen.)

C'était pas drôle.

Et puis, avant d'être rapatriés, on a gagné le secteur français. Ils nous ont gardés là jusqu'à ce que les Allemands s'en aillent. On a été libérés par les Américains, par l'armée du général Patton.

8 jours avant d'être libérés… il y avait des avions, des quadrimoteurs, des bombardiers, on les entendait loin… Mais ce jour-là, on voyait les bombes tomber. À 100 mètres de là où on était.
Le 6 mai 1945, j'étais invité par les familles des copains pour manger. Mais je pouvais pas trop manger. Ils étaient pas contents, y m'disaient : faut manger ! Oui, mais… l'organisme, il était pas encore bien remis… fallait pas manger trop d'un seul coup.

Après la guerre.

J'ai vu sur le journal, ils proposaient aux jeunes des formations professionnelles. J'y suis allé. Après, ils m'ont placé à Châteauroux. Je suis tombé avec des chefs italiens.

Ils savaient travailler, c'est sûr. Mais le chef que j'avais, il me foutait des coups de pied dans le cul ! Il avait pas le droit, mais… c'est comme ça. Bon. Il m'a bien appris le métier, mais qu'est-ce qu'il m'en a fait voir… Et puis après, j'avais un copain maçon qui s'en allait en Normandie à la reconstruction. Alors, je me suis fait embaucher avec lui. J'ai pris le train et je suis allé à Falaise. Il y a le château de Guillaume le Conquérant, là-bas, c'était pittoresque.

Et puis…

Je me suis inscrit comme travailleur indépendant.

Plus tard, j'ai été demandé par mon ancien patron. Il avait 23 domaines dans le département. Un fabricant de sucre, la famille Lebaudy. Des milliardaires. Ma famille, mes parents, les cousins, les oncles… ils ont tous travaillé là. Il fallait pas voler, pas discuter, fallait être correct.

– C'est là où il y a eu l'affaire Mis et Thiennot ?

Oui, c'est ça. Je les ai connus… Pas Mis, parce qu'il était du côté de Palluau, mais Thiennot, il travaillait avec nous. Et avec un de ses frères. Son autre frère, Octave, a été fusillé par les Allemands.

La lecture.

Maintenant je ne vois plus assez. Mais quand j'étais jeune, je lisais tous les jours. À la pause. Le soir. Dès que j'avais du temps. Y en a qui allaient danser, moi, je lisais !

Tous les romans de George Sand. Et ceux de Victor Hugo. Il y a beaucoup de misères là-dedans, mais… Et puis, Hugo, il a vécu en exil, comme Napoléon.

Hyacinthe

est parti taquiner le goujon dans d'autres rivières et lire sous d'autres cieux le 21 octobre 2015. À l'âge de 90 ans.

Christian G. dit que tout le monde a toujours appelé son frère Marie.
Même leurs parents.
Mais Hyacinthe, c'est si joli…

Et nous...

On a tendance à zapper les remerciements, ce serait dommage cette fois. Le temps presse ici plus qu'ailleurs, vu l'âge des résidents (octogénaires, nonagénaires et même centenaires !) qui ont participé à ces rencontres, rendu possible cette petite aventure.

Donc, sans plus attendre, voici ce que nous tenons toutes à vous dire – nous, c'est-à-dire Cecyl (vous vous rappelez ? la fille toute ronde qui rit très fort et vous a pris en photo), Eugénie (la jeune femme très douce et ferme à la fois, à la démarche de danseuse et qui organise des tas de choses à la maison de retraite de Mézières-en-Brenne pour vous rendre la vie plus jolie), et moi, Barbara (la dame qui écrit des livres et sourit tout le temps) –, ça tient en quelques lignes :

remerciements

Vous nous avez fait vivre des moments incroyables, vous nous avez fait rire, et aussi pleurer, vous nous avez étonnées, déchirées, épatées, émues.

Merci à tous.

Les Paulette, les Jeanne, les Jean, Christiane, Raymonde, Vanda, Michel, Gilberte, Reine, Odette, Lili, Augustin, Hyacinthe.

Sincèrement.

Barbara, Cecyl, Eugénie

Eugénie

Eugénie est animatrice à l'Ehpad de Mézières-en-Brenne.
(En latin animare, *c'est « donner de la vie »,* *de* anima*: « souffle, vie ». Pour ceux qui la connaissent, ce n'est pas étonnant qu'elle ait choisi ce métier !)*

Ce projet, il part de l'envie – mais je crois que ce serait plus juste de dire : de la nécessité – d'ouvrir les portes de l'Ehpad vers l'extérieur.

Ouvrir les portes et faire entrer le monde, comme tendre des fils, pour aider à se relier (re-lier), à se (re)connecter. Quand on échange, on participe. Quand on est dans l'action, on est dans la vie. C'est ça, la nécessité : rendre ces lieux vivants !

Donc, on a beaucoup réfléchi à ce livre, et on s'est dit, avec Cecyl et Barbara, que ce serait bien qu'il bouscule un peu les idées reçues sur les personnes âgées. Et qu'il émeuve aussi. Pas faire quelque chose de lisse ou d'anodin, non… ils ne sont pas tous des sages ni, à l'inverse, des Tatie Danielle… Ils sont comme tout le monde, avec des côtés sympas et des moins sympas, des jours avec et des jours sans. La grande différence c'est qu'eux ont vécu des choses que nous ne vivrons jamais, ils font partie de l'histoire. Et c'est passionnant.

Franchement, je n'avais aucune idée de ce que cela allait donner au final. On était d'accord sur le but : rendre une voix à ceux qui en étaient privés et susciter l'intérêt et/ou donner envie de venir les rencontrer, mais par quel chemin y arriver, mystère ! Aujourd'hui, quand je regarde et lis ces portraits, j'ai l'impression de les voir, de les entendre, et ça me touche particulièrement… Mais je manque de recul, peut-être… J'en connais certains depuis toute petitc !

Dans l'équipe, il y a des collègues qui sont venus me dire que ça avait changé leur façon de voir. Qu'en apprenant des choses sur leurs vies, des bribes de leur passé, ils avaient l'impression maintenant de les connaître, ça les a rendus plus proches, plus réels…

Et puis, avec les résidents, quand on reparle du livre, je vois leurs yeux qui brillent, leurs sourires s'étirer jusqu'aux oreilles…

L'autre jour, P. m'a dit : « Je ne pensais pas qu'à 98 ans j'arriverais à être une star ! »

Pour tout ça, je me dis… c'est gagné, quoi !

Ce que j'espère maintenant, c'est que cette expérience puisse donner envie à d'autres de la tenter.

Pour ceux qui voudraient, n'hésitez pas à me contacter, je répondrai avec joie à toutes vos questions (démarches, autorisations, écueils à éviter, etc.)

animation.mezieres@orange.fr

Cecyl

Ça faisait un bail que l'idée tournait. Dans ma tête. Et autour.

Aller les voir, les rencontrer, faire quelque chose avec *les p'tits vieux d'Eugénie.* (Eugénie, c'est ma belle-sœur. Quand elle parle d'eux, on sent bien qu'ils font tous un peu partie de sa famille. À force, ça donne envie de les connaître, bien sûr !).

L'idée a germé.

Nous en avons parlé à Barbara, ça l'a emballée et, avec l'association Kaléidoscope et celle de l'Ehpad Les Orchidées, nous avons monté un dossier.

Quelques mois plus tard…

Pleines d'enthousiasme et avec une pointe d'anxiété (nous ne savions pas encore la forme que nous donnerions chacune à ces rencontres) mais le cœur, les oreilles et les yeux grands ouverts, nous avons débarqué, Barbara et moi, au mois de juillet 2015, à l'Ehpad de Mézières-en-Brenne. Nous avions prévu (naïvement) de ne les rencontrer qu'une fois chacun, une petite heure (pour ne pas trop les fatiguer)… On en rit encore. Des trois jours planifiés, nous en sommes arrivées à passer tout l'été avec eux.

De mon travail, je dirais que…

Ce qui m'a le plus frappée, lors de ces rencontres, c'est le décalage qu'il y a entre ces corps qui n'en peuvent plus et ce qu'ils sont « à l'intérieur ». Toujours jeunes ! (éternellement jeunes ? Cette idée-là me plaît terriblement !) Donner à voir ce décalage, c'est ce que j'ai voulu faire en mettant en scène leurs portraits (avec couleurs flashy, visuels kitsch, utilisation d'outils modernes – palette graphique, Photoshop – pour renforcer d'autant plus le décalage).

Bien sûr, ils ont vécu des choses difficiles, des épisodes douloureux, mais leurs vies, leurs souvenirs ne se résument pas qu'au malheur. Ils nous ont offert de la gaieté, des rires. Et une sacrée dose d'humour.

Quand je pense à eux, encore maintenant, ce sont ces moments-là qui me reviennent en mémoire en premier. Ce sont ceux-là que j'ai voulu restituer.

Barbara

C'était absurde d'avoir accepté un tel challenge ! Ce genre de lieu ne correspond en rien à ce que je voudrais pour moi ou pour mes proches. Je fais tout mon possible pour éviter que cette option ne figure jamais dans mon planning de fin de vie. (Ce qui ne devrait pas être trop difficile, vu qu'une simple grippe est capable de réduire à néant mon instinct de survie, au point de trouver légitime de réclamer l'euthanasie ! Et je ne plaisante qu'à moitié…) Plus sérieusement, si un jour mon état de santé se dégradait au point de ne plus ni maîtriser mes sphincters ni pouvoir prononcer d'autres sons que *da da da*, j'espère que quelqu'un aura la bonté de m'aider à mourir. Dans la dignité, s'il vous plaît, merci, je vous revaudrai ça (euh, oui… dans une autre vie, bien sûr).

Pendant nos visites ici, nous avons pu apercevoir un bout de l'envers du décor. Entrevu les problèmes des aides-soignantes et des infirmières (il n'y a quasiment pas d'hommes à ces postes, c'est curieux), rencontré des dirigeants, des bénévoles. Il faudrait consacrer un chapitre entier aux bénévoles ! Sans eux, il serait quasi impossible de proposer des activités (chant, couture, jeux de société, sorties…).

Tout le monde ici fait le maximum pour améliorer le quotidien des pensionnaires. Cette maison de retraite de Mézières-en-Brenne est connue et reconnue dans toute la région pour la qualité de ses services. J'ai eu l'occasion d'entendre dire par plusieurs personnes différentes que c'était la Rolls des Ehpad ! Pas mal, comme carte de visite… Malgré cela, il reste encore des tas de choses à faire. À une époque où tout est à réduire (budgets, effectifs, matériel…), il ne faut pas se leurrer : les maisons de retraite ne sont pas épargnées. Et ici, peu de personnel implique peu de temps d'écoute réservé aux pensionnaires.

Même quand on ne voit, n'entend ou ne marche plus très bien, on a toujours besoin de communiquer. Certains ont la chance de recevoir encore quelquefois la visite de leurs familles. Mais beaucoup n'ont plus personne. Et pourtant, tous ont besoin d'être écoutés, entourés, consolés au quotidien. Surtout quand approche la fin…

Alors… mon point de vue sur ce genre de structure d'accueil n'a pas complètement changé, mais il s'est assez assoupli. (Au point même de conseiller à certaines de mes voisines très vieilles et très très isolées d'aller y jeter un œil ! C'est pas si mal, vous savez, vous vous feriez des copines et des copains…) Ces lieux ont une raison d'être, évidemment.

Il n'empêche, cette expérience m'a renforcée dans l'idée de continuer à faire ma part de colibri. De mettre plus d'énergie à imaginer des alternatives, d'autres façons de vivre, de s'accompagner, de cohabiter entre les générations…

Gagner un peu d'humanité, de solidarité, d'amour ?

Ouais, bon, d'accord, c'est naïf…

Mais on a le droit de rêver, non ?

Mahault

Ma grand-mère m'a emmenée à la maison de retraite pour me présenter Lili, Odette, Vanda, Paulette et tous les autres. J'étais contente d'y aller, mais dès l'entrée, ça m'a un peu choquée, parce que je vois rarement des vieilles personnes aussi endommagées, et là, il n'y avait que ça. Barbara a dit bonjour à tout le monde, elle avait l'air de trouver que tout était normal, alors j'ai commencé à me détendre.

Nous sommes allées voir Odette, et là, révélation… elle est adorable ! Elle a un drôle d'accent quand elle parle (c'est l'accent berrichon), et des expressions très spéciales, et elle finit presque toutes ses phrases par : « Qu'est-ce que vous voulez… » En parlant

de son passé, elle a un peu pleuré, mais ça n'a pas duré, elle ne voulait pas m'attrister, je crois.
Et puis, nous sommes allées voir Lili. Je la trouve géniale ! Elle est rigolote, on dirait qu'elle a le même âge que moi (11 ans, en 2016). Ce jour-là, il y avait une activité Écoute musicale, alors on l'a accompagnée et nous avons dansé ensemble sur une très vieille chanson : *La Java bleue*. C'est la première fois que je dansais la valse alors je lui ai écrasé les pieds plusieurs fois, mais elle a fait semblant de rien remarquer. En partant, je lui ai promis de revenir, elle m'a dit qu'elle me trouvait très mignonne ; comme j'étais un peu gênée, j'ai répondu qu'elle l'était aussi (et ma grand-mère a trouvé ça très amusant, évidemment).

Avec Paulette J., c'est différent. C'est la première fois que je rencontrais quelqu'un qui perdait la tête. Au début ça m'a fait peur, mais comme Barbara avait l'air tranquille, qu'elle lui parlait, lui souriait et la tenait dans ses bras, ça m'a rassurée. À un moment, je suis restée seule avec elle, nous avons plié des serviettes ensemble et elle m'a parlé normalement. Au moment de partir, elle m'a embrassée et m'a demandé de revenir la voir.

Bizarrement, je ne m'y attendais pas, mais j'ai adoré aller là-bas. J'ai envie de retourner les voir. Je me suis attachée à eux. Et je sais aussi que ça leur fait très plaisir de voir des jeunes, ça leur rappelle leur jeunesse.

En cherchant bien… pour ceux qui aimeraient prolonger et approfondir ces rencontres, il existe une version numérique enrichie des *Petits Portraits*, avec images animées, hypertextes, photos, voix (et fous rires, bien sûr !)…

Merci à Fergus Constantine (qui, touché comme nous tous, s'est transformé en infographiste afin que ce projet aboutisse).

Photocomposition
sarl Edita

Achevé d'imprimer en février 2017
par Graficas Estella
pour le compte des éditions Calmann-Lévy
21, rue du Montparnasse 75006 Paris

N° d'éditeur : 3124707/01

PAPIER À BASE DE FIBRES CERTIFIÉES

CALMANN LEVY s'engage pour l'environnement en réduisant l'empreinte carbone de ses livres. Celle de cet exemplaire est de :
1 kg éq. CO_2
Rendez-vous sur
www.calmann-levy-durable.fr

Dépôt légal : mars 2017
Imprimé en Espagne.